Alles, was ihr tut, geschehe in Liebe

Tobias Petzoldt | Stefanie Schardien | Andrea Schneider

Alles, was ihr tut, geschehe in Liebe

edition chrismon

INHALTS-VERZEICHNIS

—

6 **Das Lied von der Liebe (1. Korinther)**

8 **Worauf hoffst du?**
10 Am Anfang/Tobias Petzoldt
12 Das Lied von der Liebe/Andrea Schneider
14 Wenn du hoffst/Stefanie Schardien

16 **Den Horizont weiten**
18 Der Lijott/Stefanie Schardien
20 Neues Sehen/Tobias Petzoldt
22 Verbunden – Rut & Noomi 1/Andrea Schneider

24 **Gemeinsam träumen**
26 Osterliebe/Tobias Petzoldt
28 David 2.0/Stefanie Schardien
30 I have a dream/Andrea Schneider

32 **Sanftmut säen**
34 Durchbuchstabieren – Rut & Noomi 2/Andrea Schneider
36 Erträgliches/Tobias Petzoldt
38 Entwaffnet/Stefanie Schardien

40 **Auf Wunder vertrauen**
42 Das Wäldchen/Stefanie Schardien
44 Alltagsliebe – Rut & Noomi 3/Andrea Schneider
46 Wunder im Geringsten/Tobias Petzoldt

48 **Den Sonnenschein fangen**
50 Vertraut den neuen Wegen/Andrea Schneider
52 Ja, ich will/Tobias Petzoldt
54 Geschenkt/Stefanie Schardien

56 Wer bist du?
58 Wer bist du?/Tobias Petzoldt
60 Aufgeben ist keine Option/Stefanie Schardien
62 Die Sonnenblumenkarte/Andrea Schneider

64 Die Gelassenheit feiern
66 GeLASSenheit/Stefanie Schardien
68 Innen drin – du immer noch du/Andrea Schneider
70 Immer schneller/Tobias Petzoldt

72 Mit dem Herzen sehen
74 Der andere Blick/Andrea Schneider
76 Körpersprache/Tobias Petzoldt
78 Tief-See/Stefanie Schardien

80 Barmherzigkeit üben
82 Üben, barmen, herzen/Tobias Petzoldt
84 Grenzerfahrung/Stefanie Schardien
86 Weise Sprüche/Andrea Schneider

88 Geheimnisse entdecken
90 Geschützt – Rut & Noomi 4/Andrea Schneider
92 Novembernebel/Tobias Petzoldt
94 Eine Kiste Liebesbriefe/Stefanie Schardien

96 Die Seele beflügeln
98 Letzte Fragen zur Ewigkeit der Liebe/Stefanie Schardien
100 Alles gut – Rut & Noomi 5/Andrea Schneider
102 Die Liebe hört nimmer auf/Tobias Petzoldt

DAS LIED VON DER LIEBE

1. Korinther 13, 1–13 in der
Übertragung von Jörg Zink

Spräche ich in allen Sprachen der Menschen,
sänge ich in den Tönen der Engel
und liebte nicht,
ich gliche einer dumpfen Glocke
oder einer klingenden Schelle.

Wüsste ich Gottes Gedanken,
schaute ich alles Geheimnis,
erfüllte mich alle Weisheit,
versetzte ich Berge
durch die Kraft meines Glaubens
und liebte nicht,
so wäre ich nichts.

Verteilte ich alle meine Habe,
ginge ins Feuer,
ließe meinen Leib brennen
und liebte nicht,
ich wäre vertan.

Die Liebe hat Zeit.
Sie liebt mit langem Atem.
Sie ist freundlich.
Sie erzwingt nichts
und nimmt den Geliebten, wie er ist.

Sie fällt nicht auf
und stellt sich nicht zur Schau.
Sie verletzt nicht.
Sie greift nicht an.
Sie sucht keinen Gewinn.

Sie wird nicht bitter
durch bittere Erfahrung.
Sie rechnet das Böse nicht zu.
Sie trauert über das Unrecht
und freut sich über die Wahrheit.

Die Liebe trägt alles.
Die Liebe glaubt alles.
Die Liebe hofft alles.
Sie beugt sich der Last
und bleibt geduldig gebeugt.

Unvergänglich ist die Liebe.
Menschliches Wissen um Gott
wird verwehen,
was Menschen geredet,
verhallen,
was sie forschten und dachten,
zu Ende gehen.

Stückwerk ist, was wir wissen,
Stückwerk, was wir erkennen.
Nimmt das Vollkommene uns auf,
schauen wir die Fülle,
so endet das Stückwerk.

Einst war ich ein Kind.
Ich sprach wie ein Kind.
Ich war klug wie ein Kind.
Ich träumte kindliche Träume.
Als ich ein Mann ward,
legte ich die Kindheit ab.

Heute ahnen wir Gott
wie unser eigenes dunkles Gesicht
in kupfernem Spiegel,
fremd, verschattet und rätselvoll.
Morgen schauen wir, nahe und klar,
sein Angesicht.

Viel ist, was wir verstehen,
und dennoch: Stückwerk ist es.
Dann aber werden wir schauen
in der Klarheit,
in der uns Gott heute erkennt.

Nun aber bleiben
Glaube, Hoffnung, Liebe, diese drei.
Aber die größte unter ihnen ist die Liebe.

Paulus' abschließende Mahnungen und Grüße an die Gemeinde in Korinth (1. Korinther 16, 13–14)
Seid wachsam, steht fest im Glauben, seid mutig, seid stark! Alles, was ihr tut, geschehe in Liebe!

Worauf hoffst du?

Am Anfang

Tobias Petzoldt

Wohin der Weg führt,
wie steil er sein wird,
wie viele Steine gelegt sind und
was sein wird hinter der Kuppe –

ich gehe.
Ich gehe froh und leicht,
im Glauben, im Lieben
und im Hoffen,

dass Einer mich fängt,
wenn ich strauchle,
wenn ich falle,
wenn ein Absturz droht.

DAS LIED VON DER LIEBE

Andrea Schneider

LIEBER PAULUS,

er ist spannend zu lesen – dein Brief an die zerstrittene Gemeinde in Korinth. Wie du sie streng zurechtweist und verschiedene ethische Themen diskutierst. Wie du wirbst für ein an Christus orientiertes Zusammenleben von Mann und Frau, von Reichen und Armen, schlicht gestrickten und gebildeten Menschen, und für eine angemessene Feier von Gottesdienst und Abendmahl. Interessant auch deine Gedanken zu persönlicher Freiheit und ihren achtsam einzuhaltenden Grenzen.

Man spürt richtig, wie dich das Ringen mit den sich heftig streitenden Parteien herausfordert – intellektuell und geistlich. Schließlich kommst du zum 13. Kapitel deines Briefes.

Diese Situation stelle ich mir einfach mal so vor:

Leicht ermattet legst du die Feder aus der Hand. Du streichst die Papyrusrolle glatt. Setzt dich aufrecht hin. Schließt einen Moment die Augen, blickst wieder auf, atmest tief ein und wieder aus. Und dann strömen deine Gedanken mit wundersamer Geisteskraft nur so aus dir heraus – diese klangvollen und poetischen Worte und Sätze, dieses unfassbar hohe und unendlich tiefe Lied von der Liebe. Von einer Liebe, die alles hofft, alles duldet und alles vergibt, die nie eigensüchtig ist, sondern immer respektvoll und selbstlos. Und die nicht aufhört. Niemals.

Aber plötzlich: Dein Schreibfluss stockt. Die Schreibfeder hakt. Du hältst inne: Mein geistbewegter Schwung und meine unbändige Lust an der Redekunst – hat mich dies vielleicht gerade davongetragen in eine abgehobene Ferne? Meine Beschreibung einer so perfekten Liebe – überfordert sie nicht die Adressaten meines Briefes?

Lieber Apostel, vielleicht kamen dir ja in diesem Moment diese anderen Gedanken in den Sinn: Alles was wir ach so klugen Leute forschen und reden, was wir wissen und denken über Gott und die Welt – im Grunde unvollkommenes Stückwerk. Wir selbst – uns ein Rätsel. Und deshalb auch die Liebe – unerreichbare Sehnsucht. War das so?

Wie auch immer: Danke für dein Lied von der Liebe. Es ist ein Geschenk. Begeisternd. Motivierend. Gut, dass wir es auch heute in so vielen Gottesdiensten – nicht nur bei Trauungen – zitieren als göttliche Grundlage unserer menschlichen Liebe.

Aber vielleicht wirkt es zuweilen auch entmutigend mit seinen Ansprüchen? Muss und darf und kann die Liebe auch ganz klein beginnen?

So gesehen, lieber Paulus: Danke auch für deine einfühlsamen Worte vom Stückwerk. Dass unsere Sicht aufs Leben wie die in einen dunklen Spiegel ist. Unklar. Rätselhaft. Und unsere Liebesversuche vorläufig.

Und danke, dass du auch deine Hoffnung mit uns teilst: Eines Tages wird alle Vorläufigkeit enden. Aus unserer bruchstückhaften Erkenntnis und Liebe wird ein vollkommenes Ganzes. Wir werden klar erkennen und so stark lieben, wie wir jetzt schon erkannt und geliebt sind. Von Gott und seiner grenzenlosen Liebe – neben Glauben und Hoffen das Größte.

Wie schön, dass du ganz zum Schluss deines Briefes – unauffällig zwischen viele Grüße an viele Leute und fast beiläufig – diesen kleinen Satz einbaust: „Alles, was ihr tut, geschehe in Liebe."
Nach all dem Schwergewichtigen vorher machst du damit Lust aufs Ausprobieren: Dann mal fröhlich los-lieben, Leute! Traut euch! Stück für Stück …

Wenn du hoffst

Stefanie Schardien

Wenn du hoffst, dann ist es
wie das Hüpfen von Kindern
beim Warten
auf die Ankunft von Freunden,
oder dass die Tür sich endlich öffnet
am Geburtstagsmorgen.
Mit Kribbeln im Bauch und Kichern im Mund.
Mit tausend unterschiedlich ausgemalten Bildern im Kopf
von dem Moment, wie er sein wird.
Immer wissend,
dass es auch schiefgehen könnte
und nicht gutgehen muss, theoretisch,
dass es alles anders kommen könnte, weil
nicht alle Wünsche in Erfüllung gehen und Träume zerplatzen können und
nichts ganz sicher ist und dass Tränen dann rollen würden und –
doch sie hören nicht auf, die Füße und das Herz,
mit dem hoffenden Hüpfen,
mit dem hüpfenden Hoffen:
Doch, doch, DOCH!

Den Horizont weiten

DER LIJOTT

Stefanie Schardien

Der Lijott hat sie am Ende ziemlich warten lassen. Dabei war sie schon längst bereit. Stattdessen kam erst einmal nur ich vorbei. Ab und an habe ich die alte Dame in ihrem Warten besucht. Hochbetagt. Alle Bilder von aktiven „Best Agers" oder „Golden Agers" waren mit dem schwindenden Augenlicht verblasst. Ihre unermüdlichen Tage voller Arbeit, Sorge um Familie und Beruf, waren seit einer gefühlten Ewigkeit gezählt. Auch die Freude am Reisen und am Garten und am Plausch mit der Metzgersfrau um die Ecke. Am Ende war ihr Radius immer kleiner geworden. Ganz neue Perspektiven. Nur eben nicht solche, die ihr gefielen.

Viel Neues hielt das Leben am Ende für sie noch einmal bereit. Ein Anfang, dem kein Zauber mehr innewohnen wollte.

Die letzten Jahre hat sie nur noch in ihrer Wohnung verbracht. Von Geburt an hatte sie dort gelebt. Erst mit ihrer Mutter, dann mit ihrer Tochter und den Enkelinnen. Und, ja auch der Lijott war zeitweise eingezogen. Als Kind ging sie eine Weile keinen Schritt ohne ihn. Was die Erwachsenen den Kopf schütteln ließ. Sie hatten wohl kein rechtes Gespür für diesen besonderen Lebensbegleiter. Dabei hatten genau Mutter und die Oma und die Lehrer ihr doch all die schönen Geschichten vom Lijott erzählt. Erst dadurch hatte sie ihn ja kennengelernt. So wurde er ihr zum Tröster, wenn alle anderen blöd waren. Zum Spielgefährten in einsamen Stunden. Zum Superhelden, der sie irgendwann einmal aus Todesgefahr retten würde. Dann, als sie selbst erwachsen wurde und es jeden Tag so viel zu tun gab, vergrößerte sich der Abstand zu ihm. In manchen Momenten kam er ihr trotzdem noch in den Sinn. Wie zu einer Stippvisite. Schön, dass es dich noch gibt. Sie haben sich freundlich zugenickt. Dann, als ihre Tochter erwachsen starb, viel zu früh, da schickte sie den Lijott fort. Niemanden wollte sie weniger sehen. Auch dass er mit einem Sack voller Taschentücher vor der Tür stand, bereit, ihr Tag und Nacht die Tränen abzuwischen, wollte sie zu der Zeit nicht wissen. Nur eben jetzt, wo sie sich so sehr nach dem Wiedersehen sehnte und ihn so gern in ihrer Nähe gehabt hätte, ließ der Lijott auf sich warten.

Doch sie war gewiss, dass er kommen würde, als Gefährte, als Tröster, als Retter. Denn das gehörte schließlich zu den besten Geschichten, die ihr die Erwachsenen vom Lijott aus der Bibel erzählt hatten: Dass er alle zu sich holt, die gestorben sind.

Sie hat den Lijott nie vergessen, auch als sie längst über ihren eigenen kindlichen Verhörer lächeln konnte. Das änderte ja nichts daran, dass er ihr zum Freund geworden war. Die Hoffnung auf ihn blieb ihr. Er hat sie nicht enttäuscht.

Vor Kurzem hat der Lijott endlich angeklopft.

Neues Sehen

Tobias Petzoldt

Die Stadt war eng. Als ich
losging, stand die Hitze, stank
der Müll, staute sich Verkehr.
Je weiter ich lief und je weiter
hinaus, desto weniger wurde
der Lärm, dafür kühler die Luft
und klarer der Atem.

Die Vorgärten waren wilder,
Bäume voller, Äpfel süßer,
Hunde lauter, Leute leiser.
Der Weg wurde schmal,
dann steiler und steil,
führte nach oben und
der Blick ins Weite:

Auf durchquerte Täler,
auf reizvolle Gipfel und
auf neue Horizonte zu.

RUT & NOOMI 1:
VERBUNDEN

Andrea Schneider

Wo du hingehst, da will ich auch hingehen. Wo du bleibst, da bleibe ich auch. Dein Volk ist mein Volk, und dein Gott ist mein Gott. Wo du stirbst, da sterbe ich auch. Der Herr tue mir dies und das, nur der Tod wird mich und dich scheiden.

Schöne, bekannte Worte. Gedruckt auf unzählige, zuweilen kitschige Spruchkarten. Gern und oft gewählt als Trauvers. Vermutlich hat Dichterfürst Goethe auch ihretwegen gemeint, dass die Geschichte, aus der sie stammen, „als das lieblichste kleine Ganze betrachtet werden kann, das uns episch und idyllisch überliefert worden ist." Lieblich-idyllisch? Ursprünglich spricht sich diese Sätze nicht ein gerührt-glückliches Hochzeitspaar in Augen und Herz. Eine junge Frau sagt sie zu ihrer Schwiegermutter. Statt geschmückte Kirche – staubige Straße. Statt fröhliches Fest – beschwerliche Wanderung. Statt festliche Stimmung – herausfordernde Krise. Die Geschichte von Rut und Noomi, nachzulesen im Alten Testament.

Eine Frauengeschichte. Eine Liebesgeschichte. Sie lockt mich, über Liebe und ihre bunte Vielfalt nachzudenken.

Wegen einer Hungersnot in Israel wandert Noomi mit ihrer Familie aus ins Nachbarland Moab. Ihre zwei Söhne heiraten moabitische Frauen. Aber nach einigen Jahren stirbt Noomis Mann. Wenig später auch die Söhne, kinderlos. Was für eine Katastrophe für Noomi! Alles hat sie verloren – alles: ihre Heimat – und damit ihre Vergangenheit und Zugehörigkeit. Ihren Mann – und damit ihren Versorger und Schutz. Ihre Söhne – und damit ihre Freude und Zukunft. Noomi sieht nur eine Möglichkeit: zurückkehren in die alte Heimat.

Erstaunlich: Sie klammert nicht, sondern bittet ihre Schwiegertöchter, ja bedrängt sie richtig, im vertrauten Sippenverband zu bleiben. Dort würden sie neue Männer und eine Zukunft finden. Eine herzzerreißende Szene zwischen den drei Frauen an der Wegkreuzung: reden, umarmen, flehen, weinen, küssen ... Schließlich: Die eine Schwiegertochter, Orpa – ihr Name bedeutet „die sich Abwendende" –, dreht sich um. Geht zurück. Die andere, Rut – ihr Name bedeutet „die Gefährtin" –, bleibt beharrlich bei ihrer Trennungs-Verweigerung. Und macht dann dieses Versprechen unverbrüchlicher Verbundenheit.

Wo du hingehst, da will ich auch hingehen. Worte, die auch für uns heute einen weiten Horizont von Liebe und Solidarität malen – für Paare, nicht nur heterosexuell, für Freunde und Freundinnen, für Verantwortungsgemeinschaften jeder Art: Ich mit dir, du mit mir. Ich und du und du und Ich. Auf allen Wegen. Im Leben. Und auch im Sterben.

Noomi – wie wunder-bar: Eben noch zutiefst allein. Jetzt aufs Engste verbunden. Eines der urmenschlichen Grundbedürfnisse erfüllt sich für sie.

Rut – wie vor-bildlich: Ohne Wenn und Aber da sein für den (an-)vertrauten Menschen. Nicht versteckt und von oben herab erwartet, sondern offen und ehrlich kommuniziert. Und freiwillig und selbstbewusst geschenkt.

Und Orpa – wie trost-reich: Mit freigebender Liebe im Rücken weggehen dürfen und so in Frieden verbunden bleiben. Auch Trennung kann eine Art der Verbundenheit sein.

Lieblich-idyllisch? Jedenfalls nicht kitschig. Sondern echt stark: Liebe mit weitem Horizont.

Gemeinsam träumen

Tobias Petzoldt

Osterliebe

Sie steht draußen.
Am Grab.
Allein.

Sie beugt sich.
Todtraurig.
Tränen.

Sie wendet sich.
Sie wendet sich um.
Es wendet sich die Geschichte:

Hinter ihr steht
ihres Lebens Liebe.
Ein Gärtner Gottes.

Er ruft sie beim Namen,
sie nimmt ihn beim Wort:
Meister.

Sie kennen sich,
sie erkennen
sich.

Sie kann es nicht fassen,
sie will nach ihm fassen –
sie kann ihn nicht fassen.

Halte mich nicht fest.
Halte mich nicht auf.
Halte mich im Herzen.

Sie geht los,
sie geht weg,
sie geht weiter.

Das Herz ist voll,
der Mund geht über.
Ich habe ihn erlebt. Er lebt.

(nach Joh 20, 11–18)

DAVID 2.0

Stefanie Schardien

So etwas Furchtbares wie den Krieg bekommt man nicht so schnell klein. Das haben die Ehrenamtlichen von Anfang an gewusst, als sie das Café für die vor dem Krieg Geflüchteten im Gemeindehaus eröffnet haben.
Einmal in der Woche gibt es Kaffee und Kuchen für die Menschen, die ihre Heimat verlassen haben und bei uns gestrandet sind. Alle von ihnen sind verwundet. Die meisten an der Seele. Weil ihr Zuhause zerbombt wurde, weil sie Freunde verloren haben, weil sie Verwandte zurücklassen mussten und um die Väter im Krieg fürchten. Kein Tag und keine Nacht erleben sie ohne

quälende Gedanken an den vermaledeiten Krieg. Die ganze Not und alle Sehnsucht lassen sich auch im Café spüren: Jede Woche durchziehen sie den großen Raum. Noch schlimmer wird es, als mit den Wochen und Monaten die Hoffnung schwindet, dass der Krieg wieder so schnell aufhören könnte, wie er begonnen hat. Die Gespräche an den Tischen scheinen noch leiser zu werden. An einem Nachmittag höre ich von meinem Schreibtisch aus plötzlich Klaviermusik aus dem Gemeindehaus klingen. Und Gesang. Ein älterer Herr, lerne ich später, hat von dem Café gehört und gefragt, ob er zu Kaffee und Kuchen etwas Musik machen soll.

Wie David in der Bibel, denke ich, der mit seiner Musik dem traurigen König Saul in all seinen quälenden Gedanken geholfen hat. Ein David 2.0. Nur, dass ich mir Davids Lieder immer ganz zart und sanft vorgestellt hab. Im Gemeindehaus geht es schwungvoll zur Sache: O du lieber Augustin, Geh aus mein Herz, Schöne Maid. Müssten es in so einer Situation traurigere Lieder sein? Aber die hat David 2.0 vermutlich einfach nicht im Repertoire.

Mit der Zeit höre ich Ehrenamtliche mitsingen, andere summen. Dann beginnen die Geflüchteten mit ihren Liedern. Volkslieder in einer fremden Sprache. Das Klavier versucht, ein paar Akkorde darunter zu legen. Aus ganz verschiedenen Orten sind die Menschen geflüchtet und ganz Unterschiedliches haben sie erlebt. Wie sie da im Café sitzen – die Melodien und Lieder bringen sie zusammen. Manche singen zaghaft, manche energisch, Kinderstimmen und ganz alte. Man hört: Es sind Lieder, die vom Zuhause erzählen und von Zeiten, die wiederkommen würden, ganz bestimmt. Nicht alle, aber jemand, wenigstens irgendjemand lacht. Am Ende ein kleiner Applaus. So etwas Furchtbares wie den Krieg bekommt man nicht so schnell klein. Auch nicht mit dem Klavier im Gemeindehaus. So wie David aus der Bibel mit seiner Harfe nicht einfach alle Probleme des Königreichs gelöst hat. Aber die Musik schafft etwas anderes: Sie nimmt die quälenden Gedanken mit auf eine Reise. Sie hält ihnen Melodien entgegen, die die Sehnsucht nach einer besseren Zukunft und einem guten Ende wachhalten. Und sie bringt Menschen zum Singen: Lieder, die sie träumen lassen von den guten Zeiten, von denen, die waren, und jenen, die kommen.

I HAVE A DREAM
—

Andrea Schneider

Ost-Berlin, 13. September 1964, 20 Uhr. Seit Stunden sitzt auch die 17-jährige Gesine in der mit ca. 2000 meist jungen Menschen überfüllten Marienkirche am Alexanderplatz. Köpfe recken. Füße scharren. Erwartungsvolles Raunen. Endlich: Der prominente Gast betritt die Kirche.

Nachdem er am Morgen spontan einen nach einem Fluchtversuch an der Mauer angeschossenen jungen Mann im Krankenhaus besucht und danach auf der Waldbühne zu 20.000 Menschen gesprochen hatte, hat er trickreich viele Hebel in Bewegung gesetzt, um an diesem Tag auch noch den Osten der Stadt zu besuchen.

Und dann greift er zum Mikrofon und beginnt zu sprechen – der Baptistenprediger Martin Luther King: „Meine lieben christlichen Freunde in Ost-Berlin, ich möchte ausdrücklich betonen, was für eine große Freude es für mich ist, diesen Gottesdienst mit euch zu feiern ..."

Gebannt hört Gesine zu und erinnert sich auch noch viele Jahre später daran: „Eine ganz enge Atmosphäre, ganz still, obwohl die Kirche ja rammeldicke voll war. Mich hat das sehr angesprochen: am Anfang der Predigt die Grüße aus der ganzen Welt. Unfassbar: Wir in der DDR kriegen Grüße aus Amerika! Man fühlte ich ja eingeschlossen, so abgeschottet ... Dass da jetzt jemand zu uns kam, der von Gewaltlosigkeit gesprochen hat, von Freiheit, von Gerechtigkeit! Das waren alles Begriffe, bei denen man eine Gänsehaut kriegen konnte. Das hat uns einfach überwältigt."

Von Stasi-Leuten beäugt, aber davon unbeeindruckt, nimmt der schwarze Bürgerrechtler die Zuhörenden mit hinein in sein „I have a Dream!":

„Hier leben auf beiden Seiten der Mauer Gottes Kinder und keine durch Menschenhand gemachte Grenze kann diese Tatsache auslöschen. ... In diesem Glauben können wir aus dem Berg der Verzweiflung einen Stein der Hoffnung schlagen, in diesem Glauben werden wir miteinander arbeiten, beten, ringen, leiden, miteinander für die Freiheit aufstehen in der Gewissheit, dass wir eines Tages frei sein werden ... Halleluja!"

Schnell wird noch ein weiterer Gottesdienst organisiert, in der benachbarten Sophienkirche: wieder bis auf den letzten Platz gefüllt, wieder die Botschaft von Gerechtigkeit und Freiheit für alle Kinder Gottes. Unauslöschlich prägt sie sich ein. Und sie wirkt, auch hinter der Mauer.

Drei Monate nach seinem Berlinbesuch wird Martin Luther King der Friedensnobelpreis verliehen.

Seine Vision einer „Beloved Community", einer Menschen-Gemeinschaft der Liebe, ist gerade heute aktuell: „Als weit voneinander getrennte Familie haben wir ein stattliches Haus geerbt, ein großes ‚Welthaus', in dem wir zusammen leben müssen – Schwarze und Weiße, Menschen aus dem Osten und dem Westen, Heiden und Juden, Katholiken und Protestanten, Moslems und Hindus, eine Familie, die in ihren Ideen, ihrer Kultur und ihren Interessen übermäßig verschieden ist und die – weil wir nie mehr ohne einander leben können – irgendwie lernen muss, in dieser großen Welt miteinander zu leben."

Am 4. April 1968 wird der gewaltlose Friedens- und Gerechtigkeits-Prophet erschossen. Sein Traum lebt – trotz allem. Trotz Kriegen weltweit und ganz in unserer Nähe.

Lasst ihn uns gemeinsam weiter träumen! Trotzig und zuversichtlich. Denn – so Bruder King: „Ich habe beschlossen, bei der Liebe zu bleiben. Hass ist eine zu große Last, um sie zu tragen."

Sanftmut säen

RUT & NOOMI 2:
DURCHBUCHSTABIEREN
—

Andrea Schneider

„So wanderten Rut und Noomi gemeinsam nach Bethlehem", erzählt die Geschichte. Das klingt selbstverständlich einfach. War es aber bestimmt nicht. Zwei schutzlose Witwen in unwirtlicher Gegend unterwegs. Die Ältere und die Junge. Die geachtete Israelitin und die Frau aus dem verachteten Nachbarvolk. Die eine, die sich traut, alles Vertraute aufzugeben und sich den Weg ins Unbekannte zutraut. Neuer Ort, unbekannte Menschen, fremde Sprache, andere Kultur und Religion. Und die andere, die sich traut, ins Vertraute zurückzugehen. Der heimatliche Ort – jetzt so eng? Alte Bekannte – fremd geworden? Zwar wieder zuhause – aber verändert?

Sich auf einen gemeinsamen Weg machen ist ganz schön herausfordernd! Auch für (Paar-)Beziehungen heute: Da sind unterschiedliche Kindheits-Prägungen und Erwachsenen-Ziele. Glückvoll-leichte und schwerwiegend-harte Erfahrungen im Gepäck. Lust auf Neues oder die Angst davor. Heimatverbundenheit oder Distanz zur Herkunft. Die eine so, der andere so: Zuversichtlich oder zögerlich? Zielorientiert oder zurückhaltend?

Die schön klingenden Anfangs-Worte „Wo du hingehst, da will ich auch hingehen …" – die müssen immer wieder durchbuchstabiert, diskutiert und geklärt werden auf der gemeinsamen Lebens-Wanderung. Statt feste Rollen in der Beziehung – beständige Verhandlungen: Wessen Pläne, Job, Bedürfnisse sind warum vorrangig? Wer steckt wann wie zurück? Was tut der Beziehung gut? Was schadet ihr? Wie kommen alle zu ihrem Recht? Und miteinander voran?

Und: Wie kann das alles in Liebe geschehen? Vielleicht mit „Sanftmut säen"? Sanftmut – ein altmodisches Wort. Und eine Tugend, die nicht zu passen scheint in unsere gehetzten, andere schnell verhetzenden Twitter-Zeiten. Der Gegenbegriff zu „sanftmütig" ist laut Duden „zornmütig". Ein gar nicht mehr gebräuchliches Wort. Aber das Verhalten, das es beschreibt, ist weit verbreitet: jähzornig, aufbrausend, aggressiv. Und aggressiv hart klingt auch das Wortfeld drumherum: Zorn-schnaubend. Zornentbrannt. Zornbebend. Das Gesicht: zornrot! Und die Liebe? Droht dabei zu entschwinden. Schade.

Die Liebe – ja, wir können sie immer wieder suchen und finden im Sanftmütigsein. Nicht zu verwechseln mit einem fassadenhaft-untertänigen Ganz-ganz-lieb-Sein, das die Zornmütigkeit kaum verdeckt. Aber zum Beispiel so: achtsam Rück-Sicht nehmen, auch wenn die eigene Voraus-Sicht so richtig und wichtig erscheint. Die Aufgaben und auch die Verantwortung gleich-berechtigt teilen. Und dann nicht zickig-miesepetrig nachfragen, kontrollieren, nachwischen, umsortieren. Sondern gelassen den anderen Menschen auf seine Art machen lassen. Ihm vertrauen und ihm etwas zutrauen.

Wohlklingende Wörter umschreiben die vielen Mut-Facetten vom Sanftmütigsein. Mehr als ein Wortfeld. Ein Übungsfeld für Liebe: Freimütig. Demütig. Edelmütig. Langmütig. Gutmütig. Reumütig. Und, na klar: gern auch mal übermütig. Und dann: fröhlich einmütig!

Ob Rut und Noomi genau so miteinander unterwegs waren?

Tobias Petzoldt

Erträgliches

der eitle Kollege
die nervende Chefin
Kosten- und Zeitdruck

    und die Liebe erträgt alles?

Bekannte, Verwandte
stets gute Mienen
hinterm Rücken Gerede

    und die Liebe erträgt alles?

Abwasch seit Tagen
Socken im Flur
ewig keine Blumen

    und die Liebe erträgt alles?

die Meldung im Radio
die Meinung im Netz
viel Wut und viel Blut

    und die Liebe erträgt alles?

schmutzige Nachbarn
Bässe zur Nacht
schreiende Kinder

    und die Liebe erträgt alles?

geschehene Fehler
niemand mit Einsicht
alle haben Recht

    und die Liebe erträgt alles?

Wenn sich Hass in mir regt
    und mein Feindbild pflegt,
wenn mich alles stört,
    was sich nicht gehört,
wenn ich mich frage,
    wie ich all das ertrage –
bitt' ich um Liebe,
    dass diese mich triebe,
ich trotz anderem Sinn
    nicht außer mir bin.

ENT-WAFFNET

Stefanie Schardien

Die Sanftmütigen werden das Erdreich besitzen. So hat es Jesus in einer seiner großen Reden versprochen. Er selbst macht das vor. Damals bei der Frau, die sie steinigen wollen. Alles rechtens, formal betrachtet. Auf Ehebruch steht zu Jesu Zeiten Tod durch Steinigung. Aber seine Gegner wollen vor allem ihn selbst herausfordern, als sie nach seiner Meinung zu dem Fall fragten. Sie wollen seine Wut herauskitzeln auf so einen lieblosen, harten Umgang mit den Gesetzen. Oder umgekehrt könnten sie zeigen, dass er doch nicht der große Menschenfreund ist, weil er sich wie sie ordentlich an die Gesetze hält und Sünde bestraft. Dann müsste Jesus mit ebenso großer Wut wie sie Steine auf die Frau werfen. Eine Wut-Falle, aus der er nicht herauskommt. Denken seine Gegner.
Doch sie haben die Rechnung ohne die Liebe gemacht.
Jesus kniet nieder. Nicht vor der wütenden Menge. Einfach so. Er kniet sich auf den sandigen Boden. Und dann beginnt er, mit dem Finger im Sand sanfte Kreise zu ziehen. Oder zeichnet er alte Muster, um sie zu verwischen? Vielleicht malt er auch lachende Gesichter – Punkt, Punkt, Komma, Strich … Die anderen sind verunsichert. Was soll das? Mit seiner Wut hätten sie umgehen können. Sie waren auf hitzige Diskussionen vorbereitet oder harte Vorwürfe, aber so etwas ertragen sie nicht. So funktioniert ihr Spiel nicht.
Vielleicht hat Jesus seine neue Spielregel in den Sand geschrieben? Eine Spielregel, die nur eine Winzigkeit verändert. So wie aus dem kleinen Wort Wut, dreht man den ersten Buchstaben auf den Kopf, der Mut wird. Doch, sagt er endlich, sie dürfen gern beginnen mit ihrem Steinewerfen. Aber doch bitte derjenige zuerst, der ohne Sünde ist.
Die Steine bleiben alle liegen. Die Menschen gehen, einer nach dem anderen. Entwaffnet von Jesu Liebe, die der Wut den Mut entgegengestellt hat. Einen Mut, der sich vorsichtig schon einmal bereit macht für den Moment, in dem er das Erdreich in Besitz nehmen wird. Ganz, ganz sanfter Mut.

Auf Wunder vertrauen

DAS WÄLDCHEN

Stefanie Schardien

Normalerweise hängt Herrmann meistens gemütlich aus dem Fenster im oberen Stockwerk seines alten Hauses. Da genießt er die Sonne, seinen schönen Blick auf den Kirchturm und beobachtet ein wenig, was sich so in der Straße tut. Wenn ich vorbeilaufe oder radle, schaue ich für gewöhnlich hoch und wir rufen uns ein Hallo zu.

Heute hat er mich schon eher entdeckt und fängt mich auf dem Gehweg ab. „Gehst du gerade eine Runde? Ich wollte dir schon lange mal was zeigen." Man duzt sich im Viertel, auch wenn man sich nicht wirklich kennt. Wie bei uns beiden. „Ich hab da was angefangen. Schon vor ein paar Jahren. Dauert auch nicht länger als eine halbe Stunde." Halbe Stunde … Na, der hat ja Zeit, denke ich. Ich hatte jetzt eher mit fünf Minuten gerechnet. Meine Mittagspause jetzt mit ungewissem Ziel und eigentlich unbekanntem Begleiter verbringen? Was kann es schon so Wichtiges zu sehen geben, das ich nicht in unserem Viertel ohnehin längst kenne?

Aber während ich grüble, ob das nun gut investierte dreißig Minuten werden, ist Herrmann bereits halb auf dem Weg. Wir lassen die kleinen Gassen zurück, überqueren die große Straße und biegen ab auf einen kleinen Wiesenpfad. Die Flussauen beginnen hier. Schön, keine Frage, aber die kenne ich natürlich. Nur, dass ich meistens auf der anderen Seite des kleinen Wasserlaufs gehe, der sich vom großen Fluss seinen Weg durch die Landschaft gebahnt hat. Hier auf dieser Seite ist es wilder. Drüben sind die Wege ausgetretener.

Wir sind schneller angekommen als gedacht. Das dichte Grün leuchtet mir schon entgegen. Ich schüttele verwundert den Kopf: Ernsthaft – wie kann mir dieser Fleck noch nie aufgefallen sein? Nicht von der Straße, nicht von der anderen Seite beim Spaziergang. „Hier geht's rein", sagt Herrmann. „Das sind die Neuzugänge. Schau, noch ganz frisch." Ich stehe vor kleinen frisch gepflanzten Buchsbäumchen. Aber sie sehen irgendwie etwas zerrupft aus, denke ich. Da erklärt er es mir schon: „Weißt du, die ganzen Bäume hier, die sind alle vom Friedhof. Vom Kompost. Ausrangiert. Die wollte keiner mehr. Ich hole sie dort ab. Die kann man doch nicht so umkommen lassen. Das ist doch Leben." Seit fünfzehn Jahren pflanzt er mit Geduld und Liebe und Zeit das an, was auf dem Friedhof im Müll landet. Hatte ich gerade ernsthaft überlegt, ob ich die halbe Stunde investieren soll? „Schau, und jetzt ist es ein richtig kleiner Wald."

Wir gehen hinein. Es gibt einen engen Pfad durch die Bäume und Sträucher hindurch. Mit jedem Meter werden sie größer und erzählen davon, was Herrmann Jahr für Jahr für eine Arbeit hier hineingesteckt hat. Er zeigt mir eine Biberrutsche und die selbstgemalten Hinweisschilder „Liebe Gäste, bitte geht sorgsam mit den Pflanzen um!" Eine winzige Sitzecke gibt es auch. Komplett umgeben von dichtem Grün und Blumen schaut man auf den kleinen Fluss, der hier plötzlich so rauscht, wie sonst nirgends. Wir schrecken ein junges Paar in dieser romantischen Lichtung auf. Sie mit langen lackierten Fingernägeln, er mit einer Coladose. „Aber den Müll nehmt ihr hinterher mit, okay?", sagt Hermann streng. „Ja, schon klar, natürlich ...", murmeln sie. Na, wer weiß, denk ich. Kennt man ja ... Als wir auf dem Rückweg noch einmal bei ihnen vorbeikommen, spricht die junge Frau Herrmann an. „Vielleicht erinnern Sie sich nicht mehr. Aber ich war hier immer als kleines Mädchen. Da haben Sie mir beigebracht, wo ich Ihre versteckten Gießkannen finde, damit ich die Bäume gießen helfen kann. Hab ich gemacht, bis ich weggezogen bin. Jetzt wollte ich mal wieder sehen, ob es das Wäldchen noch gibt."

Ah, richtig, sagt der Herrmann nur und lächelt sie an. Und dann steht er da und schaut sich zufrieden um. Respekt, denk ich.

RUT & NOOMI 3:
ALLTAGSLIEBE
—

Andrea Schneider

Nach langer, beschwerlicher Wanderung kommen Rut und Noomi in Bethlehem an. Noomis frühere Nachbarinnen stehen am Stadttor, glotzen und tuscheln: Ist das wirklich die Noomi? So abgehärmt? Und diese fremde Begleiterin? Was ist das denn für eine?
Ja, es ist nicht so einfach, gescheitert wieder aufzutauchen im alten Beziehungsgeflecht. Sich elend und schwach andern zu zeigen. Wie schneidend sind da häufig die Blicke. Oberflächlich, nicht wirklich anteilnehmend wirkt die Frage: Na, und wie geht's dir so?
Aber Noomi traut sich. Sie öffnet ihr Herz vor den anderen Frauen – verletzt bis in die Tiefen ihrer Identität. So tief, dass sie nicht mal mehr ihren Namen tragen will: „Nennt mich nicht mehr Noomi: ‚die Süße'. Nennt mich Mara: ‚die Bittere'. Denn bitter ist mein Leben geworden. Gott im Himmel selbst hat es bitter gemacht. Voll bin ich ausgezogen, leer komme ich zurück."
Glaube, Hoffnung, Liebe. Es gibt Zeiten im Leben, da bricht alles zusammen. Auch das Größte, die Liebe. Die Liebe zu anderen Menschen,

die Liebe zu sich selbst. Auch die Liebe, das Vertrauen zu Gott. Wie wichtig ist es gerade dann, „sich ehrlich zu machen" – wie heute oft gesagt wird. Sprachlich nicht schön, aber sachlich zutreffend: Offensiv authentisch das Innere zur Sprache bringen. Bittere Gefühle klagen. Perspektivlosigkeit beklagen. Menschen anklagen. Auch Gott. Aber zugleich auf das Wunder vertrauen, dass sich das leere, bittere Leben wieder füllt. Mit Lebensfreude.

Das erleben Rut und Noomi. Sie kommen zu einer besonderen Zeit in Bethlehem, in „Brothausen" an: Es ist die Zeit der Gerstenernte. Jeden Tag darf Rut auf den Feldern von Boas, wohlhabender Grundbesitzer und weitläufiger Verwandter von Noomi, die Ähren auflesen und mitnehmen, die beim Abernten liegengeblieben sind. Ein Armenrecht, eine bescheidene soziale Grundsicherung. Zwar anstrengende Arbeit mit gebeugtem Rücken für Rut, aber für die beiden Frauen ein Hoffnungszeichen in der Krise: Jeden Abend Brot backen, eigenes frisches Brot. Selbstwirksam für sich sorgen. Satt werden an einem heimeligen Ort. Zusammen sein und füreinander da sein. So wichtig, auch für Geflüchtete heute! Das hilft in der Krise, in schwierigen Lebenssituationen: ganz normale Dinge miteinander tun. Von Tag zu Tag den Alltag gemeinsam bewältigen.

Da ist zum Beispiel der Mann, der frühzeitig in Rente geht, um für seine pflegebedürftige Frau da zu sein. Und die beiden können schmunzeln über seine neue Karriere. Oder da ist die Frau, die jede freie Zeit mit der blinden Freundin verbringt, die nicht allein unterwegs sein kann. Und die beiden können die farbenprächtige Natur genießen.

Klar, dass es in solcher Art Beziehung auch Reibereien gibt. Und Bitterkeit. Aber immer wieder auch dies: Was ich mache, tut dir gut. Was du für mich tust, nehme ich dankbar an. Denn es geschieht alles in respektvoller gegenseitiger Liebe.

Und oft dann auch das Wunder: Alltags-Liebe füllt das Leben mit Freude und Sinn.

Wundern im Geringsten

Tobias Petzoldt

Wundern will ich mich wieder können.
Ich will an Wunder glauben,
auf Wunder hoffen und Wunder erleben,
ein blaues meinetwegen,
oder ein Wunder der Natur
neu schauen.

Kein Wunder, dass sich kaum wer
wundern mag in wunderlicher Zeit,
alles scheint klar und geklärt,
jedes Rätsel gelöst aus eigener Kraft,
wir wähnen uns menschlich
Wunder was wert.

Doch, oh Wunder: Gute Worte wirken
Wunder, gute Taten umso mehr.
Was Wunder also, sich nach Wundern
zu sehnen, sich kindgleich wieder
wundern zu wollen. Oft rettet uns nur

ein Wunder.

Den Sonnen-
schein fangen

VERTRAUT DEN NEUEN WEGEN

—

Andrea Schneider

Ein Pärchen sitzt aneinander gekuschelt auf dem Dach eines Bullis und guckt verträumt in den weiten Sternenhimmel. Ob die beiden auf Hochzeitsreise sind? Zwar ist dunkle Nacht auf dem Coverbild, aber es fängt herrlich den Sonnenschein der Liebe ein. Ihren zauberhaften Anfang: Wie schön es ist, miteinander unterwegs zu sein – mit Schmetterlingen im Bauch und Abenteuerlust im Herzen. Auf neuen Wegen – unbekannt, aber vielversprechend. Ein Kirchenlied passt dazu:

**Vertraut den neuen Wegen, auf die der Herr uns weist,
weil Leben heißt: sich regen, weil Leben wandern heißt.
Seit leuchtend Gottes Bogen am hohen Himmel stand,
sind Menschen ausgezogen in das gelobte Land.**

Wohin mag es für die beiden gehen? **Der uns in frühen Zeiten das Leben eingehaucht, der wird uns dahin leiten, wo er uns will und braucht.**

Das Lied wurde zum ersten Mal bei einer Hochzeit gesungen. Am 4. August 1989 in der Annenkirche in Eisenach. Extra für das Brautpaar gedichtet vom Jenaer Theologieprofessor Klaus-Peter Hertzsch, denn die blutjunge Braut Maria-Barbara war sein Patenkind. Erst am Abend vor der Trauung fiel auf, dass ein Exemplar des Liedes ja nicht reichen würde, und gerade noch rechtzeitig auf dünnem Papier vervielfältigt, wurde es Teil des Gottesdienstes.

Es passte zum vom Brautvater für seine Predigt ausgesuchten Trauspruch aus 1. Mose 12: „Geh in das Land, das ich dir zeigen werde. Ich will dich segnen und du sollst ein Segen sein." Nach der Hochzeit nahmen Verwandte und Freunde den Zettel mit dem neuen Lied auf eine alte Melodie mit nach Hause – hinter die Mauer in den Westen und wichtiger noch: in viele DDR-Häuser. Auch in Kirchen und auf Plätzen wurde es von da an gesungen: Hoffnungsvoll. Vielstimmig. Und immer lauter. Das private Hochzeits-Lied wurde zum sich immer weiter verbreitenden Wende-Lied:

Vertraut den neuen Wegen, auf die uns Gott gesandt!
Er selbst kommt uns entgegen, die Zukunft ist sein Land.
Wer aufbricht, der kann hoffen in Zeit und Ewigkeit.
Die Tore stehen offen. Das Land ist hell und weit.

Dass drei Monate nach der Uraufführung tatsächlich die Tore weit offenstehen würden in einem hellen Land ohne Mauer und Grenze, das hatte – wie die meisten Menschen – auch Maria-Barbara nicht geahnt. Das Lied begleitet sie bis heute: in der frühen Zeit des Verliebtseins, aber auch Jahre später, in der Zeit, als sich das Ehepaar trennte. Die beiden hatten sich durch die Wende auseinandergelebt, sind aber in Kontakt geblieben miteinander und mit ihren Kindern. Maria-Barbara ist immer wieder aufgebrochen: in eine unbekannte Großstadt, in eine neue Berufstätigkeit in einem Diakoniewerk. Als sie mir ihre Geschichte mit dem Lied erzählte, erwähnte sie auch, dass Klaus-Peter Hertzsch zeitlebens fast blind war. Und doch hat er zuversichtlich weit gesehen. Auch heute lockt sein Lied Junge und Alte: **Vertraut den neuen Wegen und wandert in die Zeit! Gott will, dass ihr ein Segen für seine Erde seid.**

Ich will Ja sagen.
Ich will tun und machen und das gern.
Ich will mich verwenden,
aus gutem Grund und vollem Herz.
Ich will Zeit haben, mich geben,
hin und ohne Bedingung,
einfach, weil ich's kann
und frei von der Frage,
was es mir nützt und
wer mir nützlich sein kann.

Ruft ruhig lauter nach
Bedürfnisbefriedigung,
Egoempathie und Selbstsehnsucht,
ich schrei' nicht mehr mit.
Ich muss mich nicht schützen vor
Fragen und Anfragen,
Worten und Antworten,
Gaben und Aufgaben.

In Selbstsorge bin ich gut,
darum will ich mich
nicht länger sorgen
um mich.

In Achtsamkeit kenne ich mich aus,
darum will ich achten
dich.

Weil die Welt sich
ums Licht dreht
und nicht um mich,
will ich hören und sehen,
bevor's mir vergeht.

Ich will Ja sagen, so wie du Ja sagst.
Will Liebe leben, die du mir zeigst.
Will Zeit haben, weil du sie mir schenkst.

Nenn' es Demut, Gnade, Barmherzigkeit,
das alles klingt alt und albern,
doch die Welt geht nicht unter
durch Nächstenliebe.

Also: Ja.
Einfach Ja.
Sämtliche Selbstsorgeseminare
finden fortan
ohne mich statt.

GESCHENKT

Stefanie Schardien

Im allgemeinen Trubel vor Weihnachten denken Kinder für gewöhnlich gern laut über die eigenen Wünsche nach. Schließlich sollen sie eine möglichst hohe Wahrscheinlichkeit auf Erfüllung am Fest haben. Es begab sich also inmitten der vorfestlichen Hektik, genauer genommen in der allerletzten Adventswoche, dass mein Sohn sich in den Kopf setzte, ein Geschenk für den großen Bruder besorgen zu wollen. Das Ganze geschah auch zu meinem Erstaunen, denn es handelte sich um jene zwei Kinder, die sonst tagtäglich neue Gründe fanden, Streit zu beginnen und dem anderen nicht die Butter auf dem Brot zu gönnen.

Dem Alter, in dem ich ihm die Vorzüge und die ganz besonders hohe Geschenkqualität eines selbstgemalten Bildes ans Herz legen konnte, war er leider entsprungen. Ernsthaft, was sollte ein großer Bruder mit einem bemalten Blatt Papier anfangen? Etwas Richtiges müsste es schon sein. Etwas, das man kaufen und als kleiner Bruder guten Gewissens und ohne Peinlichkeit unter den Christbaum legen könnte.

Da machten sich auf die Mutter mit dem Kind, auf ins Getümmel der Stadt. Sechs potenzielle Euro hatte das Sparschwein für das Bruder-Geschenk hergegeben. Neben der Einsicht, wie selig das Geben ist, lernte mein Sohn auch leider gleich dazu, wie teuer das Leben jenseits selbst gemalter Bilder sein kann. All seine ursprünglichen Geschenkideen lagen weit jenseits der Sechs-Euro-Grenze. Mit jedem abgeklapperten Geschäft stieg die Verzweiflung in dem kleinen Kerl hoch, als wir auf einen Ladentisch mit kleinen Kartenspielen trafen. Ein Freudenschrei: „Mama, das hier findet er gut. Das weiß ich. Das wünscht er sich!" Sofort suchte er nach dem Preisschild. Ich schaute mit drauf: 6,99 €. Jetzt rollen gleich echt Tränen, dachte ich. Aber nein, er überlegte nur einen Moment, bevor er mit glücklich blitzenden Augen sagte: „Hab ich dir nicht verraten: Ich hab noch drei Euro Reserve!" Auf dem Weg zur Kassenschlange schickte er mich plötzlich vor. „Stell du dich schon mal an und wenn ich komme, musst du wegschauen." Das tat ich demonstrativ, hielt mit verschlossenen Augen meine Tasche hin, in der er alles blicksicher verstaute.

Bei der Bescherung am Heiligen Abend übergab er in aller Feierlichkeit und unbändiger Freude sein Geschenk an den großen Bruder. Der war ein bisschen irritiert, ein bisschen gerührt und durchaus ehrlich erfreut. Warum ich nicht schauen durfte, hat sich auch geklärt: Mein Mann und ich bekamen auch ein Geschenk, ein ganz Winziges – sogar dafür hatte die Reserve noch gereicht. Ehrfürchtig und dankbar haben wir es geöffnet.

Seitdem überlegen wir, wann der richtige Moment sein wird, es zu benutzen. Beim nächsten Streit der Geschwister? Wenn es vorbei ist mit Selbstlosigkeit und Sonnenschein? Irgendeiner dieser Momente wird es werden: Dann brühen wir unseren kleinen gemeinsamen Beutel Glückstee auf und erinnern uns daran, wieviel Freude das Herschenken machen kann, sogar wenn es an die Reserven geht.

Wer bist du?

Wer bist du?

Tobias Petzoldt

Ach, wie viel ist geschrieben,
wird philosophiert und diskutiert
über Gott, wie sie ist
und ob es ihn gibt.

Ach, wie viele doch wissen,
wer und was man zu sein hat
und wie es gut sei
zu sein.

Dabei sind nur
wenige Worte,
die alles klären
von Anfang an:

Ich bin, der ich bin,
sagt das Ewige.
Ich bin da,
der Mensch.

AUFGEBEN IST KEINE OPTION

Stefanie Schardien

Die Liebe wuchs mit meinem Bauch, in dem du als kleiner neuer Mensch gesteckt hast. Noch bevor ich auch nur eine deiner Zehen sehen konnte, war die Liebe schon da. Und das trotz neun Monaten voller Entbehrungen, mit schweren Beinen und Sodbrennen, auch mit bangen Momenten. Aufgeben ist keine Option, hat mir die Liebe zugeflüstert, wenn ich meinen Watschelgang in der Schaufensterscheibe sah. Stattdessen wuchsen der Bauch und die Liebe und mit ihnen die Neugier: Welchen kleinen Menschen liebe ich da eigentlich?
Nach der Geburt wusste ich zumindest sofort: Zufällig hatte genau ich das großartigste Baby der Welt abbekommen, hinter dem jede Sekunde Geburtsschmerz verblasste. Von da an ging es eigentlich erst los mit dieser Liebe, die noch gar nicht genau weiß, wen sie da vor sich hat. Jede wundervolle Eigenheit an dir war eine Entdeckung und jede anstrengende Seite auch. An beidem mangelt es bei einem kleinen Kind als neuem Gegenüber nicht: Denn es kann einen übers ganze Gesicht anstrahlen, aber eben auch die Nacht zum Tag machen, und bei Bauchweh weiß es sich nicht mal allein eine Wärmflasche zu bereiten. Mit den Jahren erarbeitete ich mir bei den Versuchen, mich um dein Wachsen und Gedeihen zu bemühen, mal nasse Küsse und mal trotzige

Ehrentitel wie „doofe Mama" oder die rotzige Ansage „Jetzt chill mal!". Wen liebe ich da eigentlich? Als Belohnung gab es zumindest stets die Aussicht, dass die nächste Phase auf meiner Entdeckungsreise mit dir schon vor der Tür stehen würde. Was wäre ich gewesen ohne die Liebe mit ihren Flüsterbotschaften? Durchhalten! Schlaf wird überschätzt! Nicht aufregen!

Liebe bläht sich nicht auf, hat der Apostel Paulus in seinen Weisheiten über die Liebe geschrieben. Ob er allen Erkenntnissen entgegen womöglich doch ein Kind hatte? Weil seine Erfahrung so klingt, wie meine mit dir? Weil die Liebe zu einem Kind so unvergleichlich rasch die Luft aus dem eigenen Ego lässt.

Das gilt für mich heute. Das galt dann wohl auch für meine eigenen Eltern, auf deren nicht-aufgeblähte Liebe ich selbst auf der Entdeckungsreise zu meinem Leben angewiesen war. Und aller Wahrscheinlichkeit nach gilt sie erst recht für Gott selbst – diese Idee von der Liebe, die sich nicht aufbläht. Denn wie sollte es sonst gehen mit uns Gotteskindern in der Welt, die wir zwar gern mal mit freundlichen Stoßgebeten ankommen, aber Gott dann gleich wieder schlaflose Nächte bereiten, weil wir nicht mal diese kleine Erdkugel zu retten wissen? Wie anders sollte ich es mir vorstellen, als dass Gott sich auf ewig neugierig fragt: Wen liebe ich da eigentlich? Und auch sich selbst voller Liebe immer wieder Botschaften zuflüstert wie: Aufgeben ist keine Option.

DIE SONNEN-BLUMENKARTE

Andrea Schneider

Meine Hochzeit ist schon ziemlich lange her. Aber einige Hochzeitsgeschenke sind immer noch in Gebrauch, zum Beispiel das Waffeleisen und ein Set Bettwäsche. Das Waffeleisen funktioniert nach Austausch des Kabels noch einwandfrei. Die Bettwäsche, nur leicht verblichen, ist jetzt bei zwei Enkelkindern gelandet, die die bunten Kringel darauf lustig finden. Super, diese Qualität, die manche Sachen früher so hatten … Auch meine Ehe gibt es noch, nach weit über 40 Jahren. Vielleicht noch erstaunlicher als das jahrzehntelange Überleben von Alltagsgegenständen. Und ich besitze ein Fotoalbum von unserer Studentenhochzeit, mit eingeklebten Bildern und handschriftlichen Beschreibungen: Das jungverliebte Paar – sie mit weißem langen Baumwollkrepp-Kleid und dickem Kranz aus echten Blüten im offenen Haar, er mit dichten Locken und Bart, Schlaghosen-Anzug und Hemd mit breitem, rotem Schlips. Viele fröhliche Party-Gäste – am Buffet mit selbstgemachten Salaten und Bowle und bei den ach so beliebten Hochzeits-Kennenlern-Spielen: Wer ist er und sie eigentlich? Typisch 70-er Jahre halt.

Im Fotoalbum stecken noch ein paar vergilbte Glückwunschkarten, zum Beispiel diese: Vorn drauf zwei große Sonnenblumenblüten, nebeneinander wie zwei Gesichter. Darüber der Spruch: „Liebe besteht nicht darin, dass man einander anschaut, sondern dass man gemeinsam in die gleiche Richtung blickt." Ob ich diesen Spruch damals gut fand? Jedenfalls merk-würdig.

Ja, eine schöne Erinnerung: Verliebte Augen-Blicke. Unbeschwertes Anfangs-Glück. Später dann, in den vielen Jahren des Zusammenlebens, immer wieder die Suche nach einer gemeinsamen Blick-Richtung. Diskutieren, auch mal streiten: Wohin geht unser beruflicher Weg? Wie wollen wir Familie gestalten? Wofür engagieren wir uns – zeitlich, finanziell? Spannend: Oft eigene Wege gehen und doch miteinander unterwegs sein. Zusammenwachsen und zusammen wachsen. Sich wie die Sonnenblumen zur Sonne ausrichten. Lebens-Glück.

Und heute? Beim Älterwerden und hoffentlich zusammen Altwerden? Da tut es gut, einander auch mal wieder anzuschauen, in schönen Augen-Blicken: Toll, dass du als früherer Kopf-Arbeiter jetzt ein praktisches Ehrenamt übernimmst. Super, wie du noch eine neue Sprache lernst, versuchst, die Vokabeln zu behalten. Bewundernswert, dass du trotz schwerer chronischer Krankheit aktiv am Leben teilnimmst. Klasse, wie du dich auch im Rollstuhl schick kleidest. Und so weiter. Manchmal neigen sich Sonnenblumenblüten auch einander zu. Wer bist du? Eine gute Frage in jedem Lebens- und Liebes-Alter. Führt vielleicht zu überraschenden Entdeckungen. Mindestens so überraschend wie ein unkaputtbares Waffeleisen oder eine unverschleißbare Bettwäsche ...

Die Gelassen-
heit feiern

GeLASSENheit

Stefanie Schardien

Lass es
Lass los
Lass mich
Lass locker
Lass dich herab
Lass mich allein
Lass mich in Ruhe
Lass mich auch mal
Belassen wir es einfach dabei
Verlass dich nicht zu sehr
Verlass dich drauf
Verlass mich nicht
Lass mich frei
Lass mich sein
Liebe lässt
gelassen bleiben.

INNEN DRIN – DU IMMER NOCH DU

Andrea Schneider

Eine Ausmistaktion auf dem Dachboden. Jede Menge Kinderspielzeug und Kinderbücher und die Frage, was davon ich nochmal gebrauchen könnte für meine Enkelkinder. Da habe ich es wiederentdeckt – das Bilderbuch: „Mama, hast du mich lieb?"* In kindlich-einfachen Sätzen und mit prachtvoll-bunten Bildern wird darin erzählt, wie ein kleines Mädchen die Geduld seiner Mutter und die Grenzen ihrer Liebe ausreizt. Die Geschichte spielt in der Arktis, der fremdartigen, unwirtlich kalten Lebenswelt der Inuit. Sie wurde in 15 Sprachen übersetzt und millionenfach verkauft.

Einfach schön, dachte ich, als ich das Buch mal wieder durchblätterte. Ich sollte es unbedingt behalten. Vielleicht auch für mich selbst?

Da ist das kleine Mädchen – im bunt gemusterten Kleid, mit schwarzen Zöpfen, das sich an seine Mutter kuschelt und fragt. Und immer weiter fragt, ob und ob denn wirklich und wie sehr und wie lange es die Mutter liebhat.

Und da ist die Mutter – auch mit schwarzen Zöpfen, auch traditionell bunt gekleidet, groß und zärtlich, die gelassen antwortet: Hab dich lieber als der Hund seinen Schwanz und der Wal seinen Wasserstrahl. Hab dich lieb, bis der Umiak, unser Walfangboot, in den Himmel fliegt. Bis die Sterne am Himmel zu Fischen werden ...

Aber die Fragerei des Töchterchens, das Näschen hochgereckt, geht immer weiter: Was, wenn es aus Versehen die kostbaren Schneehuhneier fallen lassen oder mit Absicht einen Lachs in den Parka der Mutter stecken oder Wasser in die teure Öllampe gießen oder in der Nacht einfach mal weglaufen und in einer Höhle schlafen würde – was dann?

Die Mutter – immer noch geduldig, aber jetzt auch ein bisschen streng, die Arme in die Hüften gestützt – weitet immer weiter ihre Liebe: Sie wäre traurig. Würde sich ärgern. Sehr ärgern. Sich Sorgen machen. Viele Sorgen. Aber: Sie würde ihr Kind weiter liebhaben. Ganz bestimmt.

Dann die provokative Spitze: „Und wenn ich mich in einen Eisbären verwandeln würde und der böseste Bär wäre, den du je gesehen hast, und wenn ich scharfe, weiße Zähne hätte? Wenn ich dich in dein Zelt jagen würde und wenn du weinst?" „Dann wäre ich sehr überrascht und sehr erschrocken. Aber in dem Bären innen drin wärest du immer noch du. Und ich hätte dich lieb ... für immer."

Und die Inuit-Mutter wirbelt ihr Inuit-Kind samt Inuit-Stoffpuppe durch die Luft. Fliegende Zöpfe und wehende Kleider. Und fröhlich hüpfende Seelen.

In aller Fragerei, trotz Frechheiten und Frust, auch wenn's mal hart auf hart geht in der Beziehung: Innen drin – du immer noch du.

---

* Barbara M. Joosse: Mama, hast du mich lieb? Illustrationen von Barbara Lavallee, ins Deutsche übersetzt von Mirjam Pressler, Ars Edition München, 1995.

Tobias Petzoldt

Immer schneller

Alles geht immer schneller, die Sonne scheint immer heller,
Leben scheint immer bunter, Lebensläufe sind runder.
Autos sind immer breiter, Urlaubsziele sind weiter,
sind beruflich auf der Leiter, da sind viele Neider.

Und dann steigen wir aus.
Und dann halten wir an.
Und dann sind wir überrascht,
dass es auch langsam gehen kann.
Und dann gehen wir unsern Weg.

Und wir gehen ihn Schritt um Schritt.
Auch wenn die Masse kritisch ist:
Wir gehen nicht mehr mit.

Alles ist immer besser, Wässer sind immer nässer,
Frauen sind immer blässer, Blicke schärfer als Messer.
Küss die Hände, Verehrte, wir sind immer begehrter
wir sind täglich gelehrter und die Selbstsicht verzerrter.

Und dann steigen wir aus.
Und dann kommen wir an.
Und dann sind wir einfach da,
jetzt und hier und momentan.
Und wir bleiben einfach stehen
und wir schauen, was geschieht.
Auch wenn die Masse kritisch ist:
Wir gehen nicht mehr mit.

Tobias Petzoldt/zwischenFall
Album „Die Quadratur des Stuhlkreises – Sitzung 1: Die kritische Masse", 2022 www.zwischenfall.net

Mit dem Herzen sehen

DER ANDERE BLICK

Andrea Schneider

Im Alten Testament wird von einem Vater erzählt, zu dem der Prophet Samuel kommt. Samuel soll unter den acht Söhnen des Vaters einen König für das Volk Israel aussuchen. Stolz präsentiert der Vater dem Propheten einen Sohn nach dem anderen – stattlich, fit, sportlich. Allesamt Leistungsträger.

Doch der Mann Gottes schüttelt bei jedem den Kopf: „Der ist's nicht." Schließlich fragt er: „Sind das alle deine Söhne?" Der Vater stutzt. An David, den Jüngsten, hatte er jetzt gar nicht gedacht. Der ist irgendwo beim Schafehüten. Samuel lässt den Jungen holen und schaut ihn an: „Der ist's!", sagt er zur allgemeinen Überraschung. Und er begründet seine Wahl so: „Der Mensch sieht, was vor Augen ist. Gott aber sieht das Herz an."

Der Mann Gottes sieht nicht nur einen verspielt-verträumt-unfertigen jungen Burschen, verglichen mit seinen großen Brüdern anscheinend am wenigsten geeignet als kompetenter Königs-Kandidat. Er sieht weiter und tiefer und entdeckt im kleinen Hirtenjungen das Potenzial für einen großen König. Mit Herz sieht er auf sein Herz.

Das Herz – im Hebräischen sind damit weniger die Gefühle gemeint, sondern Wille und Verstand, Weisheit und Kraft. Das Wesens-Zentrum des Menschen. Gutes und Böses. Der Hirtenjunge David wird später tatsächlich der größte König des Volkes Israel. Er ist aber nicht nur überaus erfolgreich. Er macht sich auch bitter schuldig – an anderen Menschen und an Gott. Aber er ist bereit, seine Schuld zuzugeben. Will neu anfangen – mit einem neuen, reinen Herzen.

Das Herz ansehen. Wir sehen meist anders auf andere Menschen. Auch auf uns selbst. Schauen auf objektive Ergebnisse, auf Leistungsbeurteilung, schwarz auf weiß, in Punkten oder Noten errechnet oder ganzen Sätzen beschrieben – entscheidend für den weiteren Lebensweg. Klar: Was ich leiste, das bin ich.
Wir kennen auch die Gefühle dabei: Freude und Stolz. Unsicherheit und Angst. Aber nur so sehen und gesehen werden, dieser Messlattenblick, der reicht nicht.
Mit dem Herzen sehen und das Herz ansehen – das meint: Nicht nur den äußeren Eindruck und vordergründigen Erfolg vor Augen haben, sondern mit Fantasie und Liebe das entdecken, was in einem Menschen steckt und was sein Wesen ausmacht:

Die Lust, sich auszuprobieren, auch wenn das Ergebnis nur mittelmäßig ist. Die schlummernden Begabungen, die herausgelockt werden wollen. Die überraschenden Ideen, die den Rahmen sprengen würden. Die weisen Gedanken, die erstmal fremd erscheinen. Die Kraft, Fehler zuzugeben und sich zu ändern. Den Mut, Barrieren zu überwinden und mitzumachen. Den Willen, dabei zu sein. Vielleicht anders – aber anders sein ist normal.

Echt liebevoll – so ein Herzensblick. Tut einfach gut.

Körper-sprache

Tobias Petzoldt

Wenn du nicht weißt, wo dir der Kopf steht,
du auf dem Zahnfleisch kriechst und
dir das Wasser bis zum Hals reicht ...

Wenn dir Hören und Sehen vergeht,
du Blut und Wasser schwitzt und
die Zähne zusammenbeißt ...

Wenn du dir die Haare raufst,
zu viel um die Ohren und
die Nase voll hast ...

Wenn's dir die Kehle zuschnürt,
den Atem raubt und dir
die Luft wegbleibt ...

Wenn du Löcher in den Bauch fragst,
dir die Seele aus dem Leib schreist und
die Augen aus dem Kopf weinst ...

Wenn du dir alles zu Herzen nimmst,
dir eine Laus über die Leber läuft
und auf den Magen schlägt ...

Wenn dir die Galle überläuft,
zu viel an die Nieren geht und
erst verdaut werden will ...

Wenn dir die Hände gebunden sind,
es dir die Fußnägel hochrollt oder
den Boden unter den Füßen wegzieht ...

... dann ist es gut, durchzuatmen,
ein und aus und immer wieder,

mit dem Herzen zu sehen anstatt
mit dem Schlimmsten zu rechnen,

gelassen loszulassen und
sich sein zu lassen,

an sich zu halten und den Mund,
bei sich zu sein statt außer sich

und in gutem Sinn dort mit
allen Sinnen zu verweilen,

aufrecht und aufrichtig.

Ihre Augen empfangen die wütenden Blicke des Bewohners, der nicht in sein Zimmer im Seniorenheim, sondern wieder „nach Hause" will.
An ihren Händen spürt sie seinen Zorn,
weil er sie kneift, als sie ihn in den Speiseraum zum Mittagessen führen will.
Ihre Ohren können sich so schwer an seinen Befehlston gewöhnen, mit dem er ihr auf das „Guten Morgen" jedes Mal antwortet, sie solle sich gefälligst zum Teufel scheren.

Was für ein unangenehmer Typ, meint ihre Kollegin. Deine Geduld möchte ich haben.

Du musst genau hinschauen, sagt sie. Tiefer sehen.
Dann entdeckst du in seinen Augen
ein Stück von der Rosenhecke in seinem alten Garten,
die Wange seiner Frau, die er so gern gestreichelt hat,
sein altes Kofferradio
und, wenn du Glück hast, sogar die vielen Pferde, die man mit ihm stehlen konnte.

Barmherzigkeit üben

Tobias Petzoldt

Üben, barmen, herzen

Wir leben alltäglich,
wir wären gern anders,
es barmt uns das Herz:

Enttäuschte Erwartungen,
an uns selbst auch.

Sinnloser Streit,
wir sind dabei.

Massives Missverstehen,
niemand hört zu.

Vorsätzliches Verletzen,
ein Nehmen und Geben.

Schreiende Stille,
Schweigen als Strafe.

Du aber hast gesagt,
wir sollen vergeben,
wie du uns vergibst:

Den ersten Schritt gehen.
Das erste Wort sagen.
Die Hand reichen.

Gnade vor Recht
und Liebe vor Zorn
statt Schäumen vor Wut.

Wir üben Barmherzigkeit.

Wir sind noch am Üben.
Der Weg ist noch weit.
Aber immerhin:

Wir üben.
Barmherzigkeit.
Warmherzigkeit.

GRENZ-ERFAH-RUNG

Stefanie Schardien

Eine meiner wichtigsten Übungsstunden in Sachen Barmherzigkeit bekam ich im Sommer 2002. Für einen Ehrenamtseinsatz musste ich von Toronto nach New York City fahren. Der Nachtbus war dazu nicht die angenehmste, sicher aber für mich als Studentin die günstigste Reisevariante in Nordamerika. Schon auf dem Parkplatz sah ich mich nur umgeben von Menschen, die auch auf eine möglichst billige Fahrt angewiesen waren. Sie kamen aus den ärmeren Vierteln dieser Mega-Cities. Billige Kleidung mit gefakten Marken-Logos. Alte Sporttaschen als Reisegepäck und mit Slang, den ich nur mit Mühe verstand. Auch wenn uns der Geldmangel irgendwie zu Buddies machte: Man musterte mich. Denn zweifellos war ich hier die Exotin mit meinen blonden Haaren und dem großen Outdoor-Rucksack.

Es war schon weit nach Mitternacht, als wir an die Grenze zu den Vereinigten Staaten kamen.

Aus dem Schlaf gerüttelt, bildeten wir eine Schlange vor der Einwanderungsstelle. Alle legten ihren Pass vor, die Nicht-US-Bürger bekamen eine Karte als Einreisebeleg eingeheftet. Stempel. Next one, please. Müde übergab ich meinen Reisepass, wartete auf das Stempelgeräusch. Doch das blieb aus. Der Grenzpolizist blätterte in meinem Pass, verglich das Bild mit meinem Gesicht, runzelte die Stirn und pfiff nach seinem Kollegen. Der sollte schon einmal die weiteren Buspassagiere abfertigen. Eher beunruhigend. „Wissen Sie, was mir Ihr Pass hier sagt?", fragte er mich scharf. Unsicher schüttelte ich den Kopf. „Dass Sie seit 1999 nie die Vereinigten Staaten verlassen haben!" Er hielt mir eine alte Einreisekarte unter die Nase, die ein Grenzbeamter damals offenbar versehentlich bei meiner Ausreise zu entfernen vergessen hatte. „Sie waren die ganze Zeit in den Vereinigten Staaten – ohne Visum!" Ich musste spontan lachen: „Wenn ich nie draußen war – wie kommt es, dass ich dann jetzt gerade versuche einzureisen?" Doch der Beamte, kaum aufgelegt für Witze, zischte mir zu, er könne mich auch für eine Nacht in die Zelle stecken, wenn ich ihn nicht ernst nähme. Sofort wurde ich kleinlaut und murmelte hastige Entschuldigungen. Da blieb eine der farbigen Frauen aus dem Bus kurz neben mir stehen: „Alles okay bei dir?" „Ja, ja, alles okay." Was nicht stimmte. Ich fühlte mich elend. Es dauerte und dauerte. Ich zeigte alle meine deutschen Papiere. Draußen machte jemand einen Witz, dass ich gar nicht so gefährlich ausgesehen hätte. Immer wieder aber hielten auch einige der bereits abgefertigten Passagiere beim Hinausgehen bei mir an. Der mit dem billigen Rasierwasser klopfte mir aufmunternd auf die Schulter. Die Frau mit den vielen Zahnlücken fragte, ob sie mir Geld leihen sollte. Der unheimliche Typ mit der abgewetzten Jacke forderte den Grenzpolizisten deutlich auf, „schön höflich zu der Lady" zu sein. Am Ende riss der Beamte gegen eine Strafgebühr die alte Karte einfach aus meinem Pass und ließ mich gehen. Als ich nach draußen kam, sah ich: Der Busfahrer hatte auf mich gewartet. Fast eine Stunde. Ich stieg mit rotem Kopf ein. Niemand von den anderen Reisenden murrte. Wie oft hatten sie selbst wohl solche Momente erlebt? Der Fahrer begrüßte durchs Mikro „our missing young lady", bevor er den Bus mit Schwung vom Parkplatz lenkte. Und dann nahm ich Kaugummis und die Coke-Dose an, die sie mir zur Beruhigung zusteckten, und freute mich an ihren Flüchen über die Bissigkeit der Grenzpolizei. Danke, hab ich gesagt und gespürt: „Barmherzig sein" ist eine Übungsaufgabe. „Barmherzigkeit annehmen" hieß die Lektion dieser Nacht.

WEISE SPRÜCHE

—

Andrea Schneider

Barmherzigkeit üben – das klingt ganz schön schwer. Und anstrengend. Aber unbarmherzig und nachtragend sein, die Fehler anderer ihnen hinterher schleppen – das ist auch schwer und anstrengend.
Wie wär's: Das Schwere nicht auf die leichte Schulter nehmen, aber mal leicht sagen? Mit leichtfüßigem Humor und tiefsinnig zugleich? Die Sprichwortsammlung in der Bibel tut das. Es lohnt sich, da mal ein bisschen drin herumzustöbern.
Das Buch der Sprüche, aus verschiedenen Traditionen über lange Zeit gesammelt, wurde Salomo, dem weisesten König des Volkes Israel, zugeschrieben. Es sollte dazu dienen, besonders jungen Leuten ein Grundwissen über Gott und die Welt beizubringen: Wenn du dich an Gott und seine guten Weisungen hältst, dann wird dein Leben gelingen.
Im ersten Teil des Buches finden sich lange Reden im Namen der „Weisheit", die als Person gedacht wird: „Die Weisheit ist

edler als Perlen. Langes Leben ist in ihrer rechten Hand, in ihrer linken ist Reichtum und Ehre. Ihre Wege sind liebliche Wege, und ihre Steige sind Frieden."

Dann folgen über viele Kapitel hunderte Sprüche zu unterschiedlichsten Lebensthemen. Mit pädagogischem Ziel und oft auch zum Schmunzeln, einige auch heute als Sprichworte bekannt: „Wer andern eine Grube gräbt, fällt selbst hinein." Das leuchtet unmittelbar ein: Es ist dumm, andern zu schaden. Denn man kommt dabei selbst zu Schaden. Klug ist es und tut einem selbst gut, nicht rachsüchtig-verbiestert im dunklen Hass-Loch zu hocken, sondern sich vergebend-entspannt in frischer Barmherzigkeits-Luft zu tummeln.

Reichlich Selbst- und Beziehungserkenntnis kann man (und frau!) gewinnen durch die weisen Sprüche. Zum Beispiel hier die Frauen: „Besser im Winkel auf dem Dach sitzen als mit einem zänkischen Weib in einem Haus." Einige Verse später die Männer: „Wie eine Stadt ohne Schutzwall, so ist ein Mann ohne Selbstbeherrschung."

Oder man meint: „Eine nörgelnde Frau ist wie ein ständig tropfendes Loch im Dach." Mag sein. Frau könnte kontern: „Lieber mit einer Bärin zusammentreffen, der man die Jungen geraubt hat, als mit einem Dummkopf in seiner Torheit."

Aber sinnvoll und klug sind solche Wortgefechte nun gerade nicht: „Wer unvorsichtig herausfährt mit Worten, sticht wie ein Schwert. Aber die Zunge der Weisen bringt Heilung." Darum geht's: Nicht kalt-schnäuzig sein, sondern warm-herzig. Barmherzig eben. Denn: „Freundliche Reden sind wie Honigseim, süß für die Seele und heilsam für die Glieder." Und das weiß jeder: „Wenn kein Holz mehr da ist, so verlischt das Feuer. Und wenn der Verleumder weg ist, so hört der Streit auf."

Wie schön: So können dann alle – wieder – fröhlich zusammen am Tisch sitzen und miteinander feiern: „Besser ein Stück trockenes Brot in Frieden und Eintracht als ein Festmahl mit Zank und Streit."

Ist doch eigentlich gar nicht so schwer …

Geheimnisse entdecken

RUT & NOOMI 4: GESCHÜTZT

Andrea Schneider

Die Rut-Noomi-Geschichte ist keine historisch belegte History, keine „His"-Story, sondern – so das Wortspiel des Theologen Jürgen Ebach – eher eine „Her"-Story.
Sie ist das weiblichste Buch der Bibel, durchgängig aus Frauenperspektive geschrieben, vielleicht sogar als einziges biblisches Buch von einer Frau verfasst. Interessant, wie die im Alten Testament übliche männlich-patriarchalische Sicht immer wieder durchbrochen wird: Noomis Söhne zum Beispiel sind Antihelden, wie schon ihre Namen andeuten: Machlon, „der Schwächliche" und Kiljon „der Gebrechliche". Sie sterben ja dann auch kinderlos. Oder: Noomi fordert ihre Schwiegertöchter nicht auf, in ihr „Vaterhaus" zurückzukehren, sondern in das „Haus ihrer Mutter".
In dieser „Her"-Story gibt es aber einen Mann, der eine sehr wichtige Rolle spielt: Boas. Auch sein Name ist vielsagend: „In ihm ist Kraft". Über zwei der vier Kapitel des Rut-Buches wird die Liebesgeschichte erzählt, die sich entspinnt zwischen dem gottesfürchtigen israelitischen Großgrundbesitzer und der verarmten unfrommen Ausländerin.

Zart und geheimnisvoll. Offen und sachlich. Aus einer anderen Zeit und zugleich inspirierend für uns heute.

Boas beobachtet die junge Frau, wie sie mit wehendem Gewand und Haar über seine Felder streift und Ähren aufsammelt. Er findet sie äußerlich anziehend, aber fragt seine Arbeiter, was sie innerlich bewegt, wer sie als Person ist. Äußert Achtung für die Frau, die ihr eigenes Leben aufgegeben hat, um ihrer Schwiegermutter willen. Verbietet mit großer Strenge seinen Arbeitern, sie zu belästigen. Tut es selbst auch nicht. Obwohl er es könnte als Chef. Er veranlasst stattdessen, dass seine Jungs Ähren extra liegen lassen – unbemerkt von Rut, um sie nicht zu beschämen. Seine festen Glaubens-Grenzen überwindet der fromme Mann. So wie er selbst, soll auch der Gott Israels der Frau aus dem heidnischen Nachbarvolk Gutes tun, soll Rut – wie schön gesagt – „unter den Schutz seiner Flügel" nehmen.

Als die Erntezeit endet, spinnt die alte lebenskluge Noomi einen Plan – risikoreich und voll erotischer Anspielungen: Die schöne junge Rut soll sich baden, parfümieren, attraktiv kleiden und in der Nacht auf die Erntetenne legen zu Boas' Füßen. Und dann seine Reaktion abwarten. Rut lässt sich drauf ein. Nach einem langen Arbeitstag, nach reichlich essen und trinken, legt sich Boas gutgelaunt zur Ruhe. Irgendwann wird er wach und spürt den Frauenkörper unter seiner Decke. „Hab keine Angst! Bleib ruhig hier!", sagt er. Er nutzt die Situation nicht aus – weder subtil machohaft noch brutal gewalttätig. Echt stark!

Was genau in dieser Nacht unter der gemeinsamen Decke passiert und was nicht – da bleibt die Erzählung diskret. Aber sie beschreibt, wie die beiden einander Fremden sich näherkommen. Wie sie wertschätzend miteinander reden, ihr je eigenes Geheimnis vorsichtig ent-decken.

Nach dem damals gültigen Sippengesetz könnte Boas Verantwortung übernehmen als „Löser", könnte Rut heiraten und so den beiden Witwen Schutz und eine Zukunftsperspektive bieten. Das verspricht er Rut.

Eine unterlegene Frau achtsam würdigen statt verachtend entwürdigen – in dieser alten Zeit etwas wirklich Besonderes. Und heute?

November-nebel

Tobias Petzoldt

So wie nach Ende der Nacht
im Nebel liegt der Morgen,
liegt vor uns das Kommende:

Auf Sicht gehen, sehend nur
die Hand vor Augen, sonst aber
weder Wald noch Bäume,
nur die Füße auf dem Boden,
tastend Schritt für Schritt,
nicht wissend, was kommt.

Sie laufen weiter und
weit in der Hoffnung,
dass die Richtung stimmt,
dass der Weg sich lohnt
und das Ziel sich klärt,
bis ein frischer Wind
die Wolken verweht.

EINE KISTE LIEBESBRIEFE

Stefanie Schardien

Eigentlich war sie zu nichts Nutze: Beim Ausräumen des Elternhauses hatten wir die grüne Holzkiste mit den zwei kleinen rosa aufgemalten Herzen erst einmal ohne nähere Begutachtung mitgenommen. Sie ist neben Umzugskartons gelandet, in denen Fotoalben, Suppentassen mit Goldrand, nicht spülmaschinenfest, und ein Bowleservice lagerten. Können wir vielleicht doch einmal gebrauchen, haben wir beschlossen. Nur mit der Kiste verhält es sich anders.

Keine Frage, das Sortieren der elterlichen Schätze braucht ziemlich viel Zeit, rein faktisch und auch emotional. Denn was davon nie genutzt werden wird – realistischerweise sehr viel – und man wirklich gebrauchen kann – sehr wenig –, stimmt nicht mit dem Gefühl überein, was davon man behalten will – eigentlich alles. Nach den Regeln der Aufräumqueens und Ordnungspäpste

unserer Zeit hätten wir die Kiste vermutlich nicht lang behalten dürfen: Sie nimmt Platz weg und kommt eigentlich nie in Gebrauch. Trotzdem wagen wir nicht, sie auszumisten.
Was ist das denn eigentlich? Das erste Mal haben wir sie auf dem Dachboden zwischen den vielen alten Habseligkeiten eher zufällig geöffnet. Herausgeflattert kamen zig Briefumschläge in verschiedenen Größen, mit Tintenverzierungen, die meisten leicht zerknittert, offenbar wieder und wieder geöffnet, um die Briefe darin lesen zu können. Und immer dieselben zwei Handschriften und Adressen: Liebesbriefe von Karl an Antonia und von Antonia an Karl. Es gibt ehrfürchtige Momente im Leben. Das war einer davon. Sofort haben wir die Umschläge wieder hineingelegt und die Kiste geschlossen. Seitdem steht sie wieder da wie zuvor. Die Gedanken aber haben zu kreisen begonnen.
Auch wenn man die Eltern sein Leben lang gekannt hat: Es ist, als stünde man plötzlich vor der verschlossenen Tür eines nie entdeckten Raums im alten Haus. Mit dem richtigen Schlüssel in der Hand. Was wohl in den Briefen steht? Wie fing das alles an? Wie waren die Eltern frisch verliebt? Was haben sie sich geschrieben, geschworen? Welche verrückten Zukunftspläne geschmiedet? Hatten sie Liebeskummer?
Es gibt ihn schon, den Reiz, alles nachzulesen. Um Erlaubnis fragen, ob das okay wäre, kann man die Eltern nicht mehr. Eigentlich kann ja niemand etwas dagegen haben. Die Neugier brennt. Und doch: Irgendwie geht es nicht. Denn uns wird klar: Liebevolle Geheimnisse zu entdecken, kann auch etwas anderes verlangen: Dass ich ihnen nach der Entdeckung ihre Geheimnishaftigkeit lasse. Ich muss Geheimnisse nicht unbedingt enthüllen. Ich kann sie auch bewahren. So wie sie sind. Weil sie nur so ihren Zauber behalten.
Also bleiben sie bis heute ungelesen, die vielen Briefe mit den Herzen und kleinen Verzierungen am Rand und verliebter Schnörkelschrift. Alle sehnsüchtigen Worte und Liebesschwüre bleiben das Geheimnis von Karl und Antonia. Eine ganze Kiste voller Liebe. Ab und zu geht der Feudel drüber, damit die zwei rosa Herzen auf der grünen Farbe wieder gut zu sehen sind.
Es gibt schlechtere Dinge, die man auf dem Dachboden aufbewahren kann.

Die Seele beflügeln

LETZTE FRAGEN ZUR EWIG- KEIT DER LIEBE

Stefanie Schardien

1. Gibt es jemanden, den oder die ich ewig lieben werde?

2. Gibt es jemanden, der oder die mich ewig liebt?

3. Wenn ja, woran spüre ich das? Wenn nein, woran würde ich es wohl merken?

4. Habe ich schon einmal ewige Liebe geschworen und dabei gelogen?

5. Wer oder was sorgt dafür, dass die Liebe nie aufhört?

6. Hat jede Liebe – etwa zur Musik, zu Tieren, zur Gartenarbeit, zu Vereinen – Teil an dieser ewigen Liebe oder ist das etwas anderes?

7. Hört auch anderes nie auf, wie Hass oder Trauer?

8. Werde ich etwas von dieser Liebe nach meinem Tod erleben, und wenn ja, wie?

9. Welche Symbole auf Gräbern erzählen mir etwas von der nie endenden Liebe?

10. Was würde ich Gott gern fragen zur ewigen Liebe?

RUT & NOOMI 5:
ALLES GUT

Andrea Schneider

Die Rut-Noomi-Geschichte endet mit einem hollywoodreifen Happy End. Nach der denkwürdigen Nacht auf der Tenne gibt es zunächst ein retardierendes Moment: Ein zweiter Löser-Kandidat taucht auf. Er hat gegenüber Boas das Vorrecht, Verantwortung für beide Witwen zu übernehmen, Rut zu heiraten und so für den Fortbestand der Sippe zu sorgen.

Es gibt eine öffentliche Verhandlung dazu am Stadttor, die Boas souverän durchzieht. Es zeigt sich, dass dieser zweite Kandidat nur Interesse hat an dem von Noomi zu veräußernden Grundstück ihres verstorbenen Mannes, nicht aber an einer Ehe mit der jungen Witwe. Damit scheidet er aus.

Und so werden nun Boas und Rut offiziell ein Paar. Interessant und ein weiterer weiblicher Akzent im männlich geprägten biblischen Erzählstil:

Die leitenden Männer betonen dabei, dass von der Ausländerin Rut, die nun in das „Haus" einzieht, das heißt in die israelitische Großfamilie, ebenso viel Segen ausgehen wird wie von Israels bekannten Stammmüttern Rahel und Lea. Boas' ganzes „Haus" soll durch die Integration dieser Frau hochgeachtet und von Gott gesegnet sein. Was für eine Weite des Denkens und Glaubens!

Bald nach der Hochzeit wird Rut schwanger und bekommt einen Sohn. Er heißt Obed, „der Diener". Ein Sohn – im alten Orient das Zeichen für Zukunft und gelingendes Leben! Die anderen Frauen, die die verbitterte Noomi bei ihrer Rückkehr kaum wiedererkannt hatten, beglückwünschen sie jetzt euphorisch zu diesem „Sohn", mit dem sie ja eigentlich gar nicht verwandt ist: „Deine Schwiegertochter hat ihn dir geboren, die dich geliebt hat und die dir mehr wert ist als sieben Söhne!" Echt überraschend, nicht nur in biblischer Zeit: Eine Schwiegertochter – ein größeres Glück als sage und schreibe sieben Söhne! Aus der alten Witwe Noomi wird eine stolze Stammmutter. Ein Baby im Arm – Flügel für ihre Seele!

Ruts großes Versprechen hat durchgehalten und durchgetragen: Du und ich und ich und du. Und wir. Und wir immer mehr. Und wir gemeinsam immer weiter. Aus den vielen Stückwerken der Liebe wächst ein buntes Mosaik. Immer größer. Das Happy End einer dramatischen Story. Und auch mehr: Ein Beispiel für Resilienz in der Krise. Für Heimat in der Fremde. Eine Geschichte von starken Frauen, einem achtsamen Mann und von Gott, der Menschen begleitet auf ihrem Lebensweg. Auch trotz Zweifeln und Enttäuschung. Im Rückblick wird es sichtbar.

Boas und Rut, Noomi und Obed – was für eine bunte Patchworkfamilie! Ein Vorbild für Familien und andere Verantwortungsgemeinschaften heute: Herkunft, Alter, Prägung, Kultur, Glaube – wir können solche Barrieren über-lieben. Ja, weg-lieben. Am Ende des Rut-Buches, sozusagen im Abspann des „Films", stehen viele Namen, ein verzweigter Stammbaum: Die Nicht-Israelitin Rut wird über ihren Sohn Obed und dessen Sohn Isai die Urgroßmutter von David, dem größten Königs Israels. Aus dessen Geschlecht wiederum – so das Neue Testament Jahrhunderte später – stammt Jesus von Nazareth. Sein Leben war Glaube, Hoffnung, Liebe. Und seine Liebe – die größte. Sie ist es, die jede Grenze überwindet. Und nie endet.

Liebe hört nimmer auf

Tobias Petzoldt

Wenn du dich verbiegst
Wenn sie über dich lachen
Wenn die Wellen über dir schlagen
Wenn dein Partner auszieht
(und zwar nicht dich)
Wenn du festhängst im Alltag
Wenn du kein Land siehst
Wenn du an Gräbern stehst
Wenn du am Kindertisch sitzt
Wenn du am Hungertuch nagst
Wenn du nachts schlaflos liegst
Wenn du allein bist am Sonntag
Wenn du schon montags verzagst
Wenn alles im Fluss ist, im ewigen Lauf:
Die Liebe jedoch hört niemals auf.

Bibliografische Information der Deutschen Nationalbibliothek: Die Deutsche Nationalbibliothek verzeichnet diese Publikation in der Deutschen Nationalbibliografie;
detaillierte bibliografische Daten sind im Internet über http://dnb.d-nb.de abrufbar.

© 2023 by edition chrismon in der Evangelischen Verlagsanstalt GmbH · Leipzig
Printed in EU

Das Werk einschließlich aller seiner Teile ist urheberrechtlich geschützt. Jede Verwertung außerhalb der
Grenzen des Urheberrechtsgesetzes ist ohne Zustimmung des Verlags unzulässig und strafbar. Das gilt in
besondere für Vervielfältigungen, Übersetzungen, Mikroverfilmungen und die Einspeicherung und Verarbe
tung in elektronischen Systemen.

Das Buch wurde auf alterungsbeständigem Papier gedruckt.

Gesamtgestaltung: Franziska Marielle Schatz, Kaufbeuren
Druck und Bindung: GRASPO CZ, a.s., Zlín

ISBN 978-3-96038-333-8
www.eva-leipzig.de

Quellen:
S. 6: Jörg Zink: Was bleibt, stiften die Liebenden, Kreuz Verlag, Stuttgart 1979, 9f.
S. 8: Lutherbibel, revidiert 2017, © 2016 Deutsche Bibelgesellschaft Stuttgart
S. 44: Aufbruch, aus: T. Petzoldt „Von Wegen", edition chrismon, 2021
S. 84: Du weißt Bescheid, Liedtext „Zwischenfall", Album „Die Quadratur des Stuhlkreises" 2022
S. 92: Novembernebel, nach: Tobias Petzoldt: „Von Wegen", edition chrismon, Leipzig 2021